A Teo,
che ha ispirato questa storia

CE

© 2019 by CREALIBRI
CREALIBRI è un marchio EDICART Style
via Jucker, 28 - Legnano (MI) Italia
Illustrazioni e testi di *Alessandra De Isabella*

Stampato in Italia

www.edicart.it

StORie di Natale

CreaLibri

QUESTO È UN LIBRO DELL'AVVENTO.
LEGGI UN CAPITOLO AL GIORNO IN
ATTESA DEL 25 DICEMBRE E CALATI
NELL'ATMOSFERA NATALIZIA!

A ogni giorno dell'avvento corrisponde un capitolo della storia. In questo modo sarai accompagnato/a fino alla notte della Vigilia di Natale con un pizzico di magia natalizia in più. Il 24 dicembre è diviso in due parti: la prima andrà letta al mattino, la seconda alla sera, prima della nanna, per calarsi bene nel racconto. Tutto quello che viene narrato è assolutamente vero, che tu ci creda o no. Ma più ci credi, più sarà bello quello che scoprirai.

1
DICEMBRE

Babbo Natale andò alla ricerca di un abete nel bosco al di là del villaggio. Portava con sé la sua tenda perché spesso ci metteva molto a scegliere e capitava dovesse accamparsi per la notte. Si addentrò nella foresta e fino al tardo pomeriggio non trovò nulla. Poi laggiù, vicino a una roccia, ne notò uno che avrebbe potuto fare al caso suo. Aumentò il passo e arrivò a destinazione un po' troppo di fretta, tanto che inciampò e cadde a terra esclamando:

«Ooooh! »

Rimase fermo qualche secondo sulla neve, poi si rialzò e si voltò indietro: era sparita la roccia su cui era inciampato. Non capiva come fosse stato possibile e tornò a guardare il suo abete. Proprio dietro al tronco si nascondeva tremante una renna. Accoccolata per terra com'era, Babbo Natale l'aveva scambiata per un masso (senza occhiali non ci vedeva nulla). Avvicinandosi alla poverina terrorizzata, la guardò negli occhi e le disse:

«Ah buonasera mia cara! Piacere, sono Babbo Natale. Mi hai fatto lo sgambetto eh? Non temere, non mi sono fatto nulla.»

I due si guardarono negli occhi qualche secondo in silenzio. Babbo Natale aveva capito che la renna si era presa un grande spavento vedendoselo cadere addosso senza preavviso, così pensò che sarebbe stata buona cosa tranquillizzarla e cominciò a parlarle piano piano.

«Ascolta, ora che ci penso, stavo proprio cercando una renna che mi aiutasse a consegnare i regali. Ti va di venire con me? Se ci accampiamo per la notte, saremo di ritorno domani mattina e dopo una carota e un buon tè caldo sarai in piena forma! Ti presenterò le altre, ora sono nella stalla a tenersi compagnia. Saranno di certo felici di avere un nuovo amico, vero Rudolph?»

La renna, ascoltando le parole di quello strano personaggio con barba bianca e grande pancia, si era calmata. Era davvero emozionata per aver incontrato una persona così gentile. Da tanti giorni stava cercando un posto dove fermarsi e adesso non solo lo aveva trovato, ma si era guadagnata anche un nome che le piaceva moltissimo!

Sentiva che sarebbe cominciato qualcosa di emozionante e decise di seguire Babbo Natale.

2 DICEMBRE

Rudolph, Babbo Natale arrivarono a casa, stanchi per il tragitto e infreddoliti. La renna non vedeva l'ora di entrare al calduccio nella stalla per godersi il tè e la carota promessi, ma quando Babbo Natale la fece entrare, successe una cosa strana. Le altre renne sgranarono gli occhi e rimasero sbigottite per il grande stupore.

Era da tanto tempo che Rudolph non incontrava suoi simili. Da molto piccolo si era perso nel bosco e aveva imparato a cavarsela da solo. Perciò nessuno gli aveva mai detto che il suo naso era di un rosso davvero intenso e che luccicava come cosparso di brillantini. Le altre renne, dal canto loro, non avevano mai visto un naso come quello e rimasero senza parole. Babbo Natale disse:

«Cosa sono quelle facce? È questo il modo di accogliere un nuovo amico? Rudolph d'ora in poi sarà dei nostri!»

La verità è che tutte quante avevano sempre sognato di vedere un naso come quello. La leggenda narra che, un tempo, tutte le renne avessero nasi rossi sfavillanti, ma che purtroppo ormai non ce ne fosse più nessuna. Si diceva che forse, da qualche parte, ne fosse sopravvissuta una e che il suo naso avesse dei poteri magici.

Una delle renne passò gli occhiali a Babbo Natale che, indossandoli e voltandosi verso Rudolph, disse:

«Per tutte le slitte, ma allora la leggenda è vera! Rudolph, sei la renna dal naso magico, l'ultima rimasta in tutto il mondo!»

Questa volta era Rudolph a non capire, ma quando si voltò verso la finestra e vide la sua immagine riflessa si rese conto di quello che Babbo Natale intendeva.

Peccato però che Rudolph di magia non ne sapesse proprio nulla.

3
DICEMBRE

Una alla volta le renne si ripresero dallo stupore e si presentarono a Rudolph. Erano tutte molto gentili e simpatiche, a parte Fulmine che aveva sempre da brontolare per qualche motivo (oggi era il nevischio fastidioso).

Tutte chiedevano a Rudolph quali fossero i poteri del suo naso e speravano di assistere a qualche magia. Rudolph, dispiaciuto, era costretto a dire che non aveva mai provato ad usare il suo naso in quel modo: ci cercava frutti di bosco per lo più, senza avere neppure grandi risultati.

Le renne, che pensavano Rudolph volesse tener nascosti i suoi poteri per poi stupirle tutte inaspettatamente, cominciarono a fare amicizia con il nuovo arrivato. Babbo Natale intanto trafficava nella rimessa per cominciare a mettere a nuovo la slitta. Ogni anno serviva una bella revisione per evitare inconvenienti durante il tragitto.

Rudolph lo vedeva armeggiare con pennelli, cacciaviti e arnesi vari, così, incuriosito, chiese alle altre:

«Ma con quella slitta dove dobbiamo andare? Per chi sono i regali?»

Le renne rimasero di nuovo di stucco. Avevano capito che Rudolph non aveva mai sentito parlare del Natale e non sapeva quale fosse la loro missione. Così Fulmine, che sembrava essersi preso a cuore il nuovo arrivato e brontolava un po' meno del solito, chiese:

«Quindi tu non sai niente del Natale?»

Rudolph stranito rispose di no.

«Il Natale è un giorno diverso da tutti gli altri. La notte del 24 dicembre noi tutte, assieme a Babbo Natale, partiamo alla volta delle case dei bambini e delle bambine del mondo, per consegnare loro i regali che desiderano. Con il primo freddo arrivano tutti i giorni centinaia di lettere da ogni angolo della Terra e Babbo Natale segna su un grande quaderno i doni da procurare alla fabbrica degli gnomi. Dal primo dicembre ha tutto inizio e noi renne dobbiamo cominciare a recuperare le energie per il grande viaggio. Eppure proprio tu, la renna dal naso rosso, dovresti sapere meglio di tutte noi cosa significhi il Natale, o forse davvero non hai idea di quanto quel naso sia magico. Spero lo scoprirai presto!»

Rudolph, incredulo, rimase tutta la mattina a guardare Babbo Natale portare avanti lavoretti, aprire lettere e poi spuntare sul suo quaderno i nomi dei bambini e delle bambine a cui consegnare i regali.
La renna dal naso rosso aveva così tante domande che le frullavano per la testa! Si chiedeva come facessero a starci così tanti regali in una slitta come quella, da quando l'omone panciuto e le sue renne viaggiassero la notte del 24 dicembre e che ruolo avrebbe avuto lui in tutto questo.
Ancora non riusciva ad immaginarsi quali fossero i suoi poteri, ma sentiva che presto lo avrebbe capito. Tra una chiacchiera e l'altra la luna si era fatta alta nel cielo.

24
DICEMBRE

4
DICEMBRE

Forse non tutti sanno che Babbo Natale, a partire dal primo dicembre, comincia a diventare molto abitudinario. Dovendo organizzare i preparativi, pianificava la giornata in modo da non farsi mancare nulla, nonostante il tanto lavoro da fare. La sua passione per il tè caldo, che solitamente sorseggiava sulla poltrona di fronte al camino, non avrebbe mai potuto essere trascurata. Aveva deciso di sfruttare tutti i suoi bollitori: li metteva sui fornelli e non appena avesse voluto riscaldarsi con un buon tè speziato, sarebbe bastato versarsene una tazza (che spesso, tra l'altro, rovesciava sul suo quaderno sommerso di letterine). Rudolph aveva deciso di voler conoscere a fondo quello strano personaggio e andò a bussare alla porta sul retro, quella della cucina. Babbo Natale aprì, e prima ancora che potesse salutarlo, Rudolph entrò. A quel punto non gli restò che chiudere la porta alle sue spalle e seguirlo in sala, dove lui già lo stava aspettando. Rudolph si era messo di fianco al tavolino di legno di fronte alla finestra dove Babbo Natale teneva il suo quaderno e il sacco delle lettere: era chiaramente intenzionato a rimanere lì a guardare. Così Babbo Natale,

con la tazza di tè speziato in mano, capì che Rudolph avrebbe voluto sapere di più e si sedette come se nulla fosse, cominciando a lavorare.
A volte capitava che per passare il tempo Babbo Natale canticchiasse qualche melodia natalizia e Rudolph, incuriosito, cercava di imitarne i suoni, emettendo qualche mugolio. Babbo Natale, che si era alzato per una piccola pausa, tornò con una carota e una calda tazza di tè anche per la renna, che in effetti aveva una gran fame!
Il sole cominciava a calare, eppure all'interno della stanza la luce non mancava, anzi era piuttosto intensa. Nessuno dei due si era però ancora reso conto del fatto che la fonte di quella luce non era affatto il camino, né la candela lì vicino. Babbo Natale, stiracchiandosi, alzò la testa dai fogli e guardò Rudolph:
«Per mille slitte, ma allora è tutto vero!»
La renna si voltò verso la finestra e vide di nuovo la sua immagine riflessa: il suo naso era illuminato tanto da sembrare una stella.

5 DICEMBRE

Il 4 notte Rudolph non era riuscito a chiudere occhio. Da quando il suo naso aveva deciso di illuminarsi, non c'era stato verso di spegnerlo, e lui era abituato a dormire solo con il buio pesto.

Babbo Natale quella mattina aveva proposto una passeggiata nel bosco per cercare del vischio da appendere qua e là (ci teneva molto agli addobbi natalizi, naturalmente). Le renne, entusiaste dell'invito, accettarono la proposta, anche perché sapevano che i loro forti dentoni, a prova di vischio, avrebbero aiutato Babbo Natale nell'impresa. Rudolph però era talmente stanco che aveva deciso di rimanere a casa per cercare di dormire e Fulmine si propose di rimanere con lui: non se la sentiva di lasciarlo lì da solo. Mentre le altre si misero in cammino, Rudolph e Fulmine si accoccolarono vicino al fieno e riuscirono ad appisolarsi per un po', nonostante la luce del giorno. Il loro sonnellino però non durò a lungo, furono infatti svegliati da un gran trambusto. Si affacciarono alla finestra della stalla e videro un camion scaricare lettere su lettere di fronte alla porta di casa. Ecco che la vena brontolona di Fulmine emerse dopo qualche giorno di tregua:

«Oggi è il 5 dicembre! Come ha potuto dimenticarsene Babbo Natale? È il giorno in cui i bambini decidono ogni anno di mandare più lettere. Chissà perché proprio il 5 poi, non potrebbero farlo anche gli altri giorni?»

Rudolph pensò che a quel punto sarebbe stato meglio portare dentro tutto, così che Babbo Natale, una volta tornato, avrebbe potuto cominciare a leggere. Presero un sacco a testa da riempire e, un po' per volta, portarono tutte le buste nel salotto, che alla fine era stracolmo e quasi non ci si riusciva a camminare.

«Ehi Rudolph, guarda un po' cos'è successo! Il tuo naso è tornato come prima, niente più luce. Forse distrarti con questo lavoretto ti ha aiutato!»

Sollevato, Rudolph fece un salto nella neve per darsi una bella rinfrescata e decise di sguazzarci per qualche minuto. Fulmine, che aveva faticato tanto quanto l'amico, decise di fargli compagnia. Altro che riposo, quella mattina le due renne si erano date non poco da fare! Una volta rialzatesi, entrambe sentirono una melodia che sembrava arrivare da molto lontano e che poco per volta cominciava a farsi più forte.

«Da dove viene questo suono Fulmine? Tu lo capisci? Sembra molto vicino adesso, ma non capisco da dove provenga!»

Per qualche secondo rimasero in silenzio, poi Fulmine, che aveva cominciato a gironzolare qua e là cercando di individuare l'origine della melodia, alla fine si voltò verso Rudolph e disse:

«Credo proprio che arrivi dal tuo naso caro Rudolph, anzi ne sono assolutamente certo!»

Rudolph pensò che avrebbe passato un'altra notte insonne.

6 DICEMBRE

Per tutto il giorno, il naso di Rudolph non smise di suonare.
Certo, le musiche erano belle e tenevano compagnia a Babbo Natale mentre era impegnato nelle sue faccende, ma la renna avrebbe anche gradito stare un po' in silenzio.
Nel tardo pomeriggio Babbo Natale aveva pensato di portarlo con sé per distrarlo da quella scocciatura (neppure lui aveva immaginato che quel naso potesse avere anche un potere simile), così andarono a fare una passeggiata al villaggio. Tutti gli abitanti conoscevano Babbo Natale, naturalmente, e lo salutavano calorosamente offrendogli un biscotto qui, una noce là, una focaccina su una cioccolata giù...
Rudolph cominciava a capire il perché di quella grande pancia!
Babbo Natale presentò a tutti la nuova renna del gruppo e non mancò mai di far notare quanto fosse rosso e brillante il suo naso e che era così perché racchiudeva incredibili poteri. Gli abitanti del villaggio, quando li incontravano, erano davvero emozionati di conoscere la leggendaria renna dal naso rosso e molti, che riconoscevano le melodie emesse dal naso magico, si abbandonavano a gioiose danze. Per adesso a

Rudolph sembravano talmente assurde le magie che faceva il suo naso, da sentirsi un po' imbarazzato. Pensava che se questo fosse stato l'aiuto che avrebbe dato a Babbo Natale la notte del 24 dicembre, non sarebbero andati poi molto lontano.

Arrivati al limitare del villaggio, vicino alla grande porta d'accesso, salutarono il venditore di caldarroste che, come regalo di benvenuto, ne riempì una piccola busta di carta solo per Rudolph. Raccomandò infatti Babbo Natale di non mangiare lui quelle castagne e di lasciarle tutte per la renna, che aveva bisogno di tante energie prima della grande notte. L'uomo panciuto, da sotto la sua folta barba bianca, disse scherzosamente:

«Ah quindi tutta la fatica la fanno le mie renne, è così? Se voi non mi offriste tutto questo buon cibo probabilmente non avrei neppure la forza di alzarmi dal letto il giorno della Vigilia di Natale! Ah ah ah!»

I due amici si fecero quattro risate e, subito dopo, Rudolph e Babbo Natale si incamminarono verso casa.

«Rudolph, senti?»

La renna fece uno sguardo interrogativo: non capiva cosa avrebbe dovuto sentire.

«Il tuo naso ha smesso di suonare, questa notte potrai dormire sereno e sarai pronto per affrontare l'allenamento prenatalizio di domani!»

Rudolph, sollevato ed eccitato allo stesso tempo, cominciò ad accelerare il passo, voltandosi di tanto in tanto verso Babbo Natale che non riusciva a stargli dietro.

«Suvvia Rudolph, abbi pietà per un vecchietto come me!»

Poco più in là si sentiva il vociare dei bambini che giocavano intorno al grande albero di Natale mentre cadeva qualche fiocco di neve.

7
DICEMBRE

«Pronte mie care?!»

Il giorno dell'allenamento prenatalizio, Babbo Natale si svegliava molto presto. Le renne, che dal canto loro erano delle vere dormiglione, facevano sempre una gran fatica ad alzarsi.

Fulmine aveva come al solito di che lamentarsi e fece notare a Babbo Natale che fare l'allenamento il 7 dicembre era troppo presto.

A Rudolph tremavano un po' le zampe per l'emozione. Cominciava già a sentire la sua prossima responsabilità nella consegna dei regali per il mondo e, per di più, tutti si aspettavano molto da lui.

«Ehi Rudolph, tutto bene? Non ti starai mica agitando per questo sciocco allenamento? È tutta scena alla fin fine, vedrai!» , disse Fulmine rincuorandolo.

Rudolph accennò un sorriso, ma era talmente forzato, che per lo sforzo le zampe gli tremarono ancor di più.

«Cominciamo: l'urlo d'inizio! Vi ricordate tutte vero? Io esulterò, voi risponderete e subito dopo il grande decollo! Vado: ooooooh!», urlò Babbo Natale.

Le renne non sembravano molto convinte e nessuna rispose. Capitava sempre così.

Ogni anno Babbo Natale chiedeva loro di provare l'urlo di decollo (solo in quello consisteva l'allenamento per la verità), ma non si ricordava mai che le renne sono per natura esseri molto timidi (a parte Fulmine che non bramiva per altri motivi) e che si vergognavano di fare certe cose.

«Insomma, cosa vi prende? Non vi sarete dimenticate come si fa!»

Fulmine fece uno sbuffo talmente forte che tutte lo guardarono e Babbo Natale aggrottò la fronte.

«Ma l'urlo di inizio è quello che ci dà la forza per affrontare il lungo viaggio che ci aspetta. Dobbiamo provarlo a dovere, in modo che sia della giusta intensità!»

«Iiiiiih!»

Rudolph, dal fondo della fila, provò ad interpretare quello che Babbo Natale avrebbe voluto sentire.

«Chi è stato? Rudolph? Avete sentito? Così ragazze, così! Però più forza, più energia!»

Le renne poco per volta avevano acquistato coraggio, grazie anche all'intervento inaspettato di Rudolph e, seppur disordinatamente, cominciarono ad emettere suoni man mano più forti. Dopo qualche prova ne uscì un'esultanza con i fiocchi, proprio come Babbo Natale avrebbe voluto.

«Ma brave mie care, era proprio questo che intendevo! Così sì che tutto andrà per il verso giusto!»

Per tutta la mattina le renne continuarono ad esercitarsi, decise a fare del loro bramito il più bello di sempre.

Nonostante la timidezza iniziale l'allenamento era andato a buon fine e a Rudolph le zampe non tremavano più.

IIIIIIH!
OOOOOH!

8 DICEMBRE

Anche se può sembrare strano, le renne, il giorno dopo l'allenamento, erano sempre molto stanche. Per loro era davvero un grande sforzo riuscire ad esultare come chiedeva Babbo Natale, anche se poi sapevano che sarebbero state ripagate della loro fatica: una buona esultanza assicurava sempre un'altrettanto buona riuscita dell'impresa.
Quella mattina però le renne non ebbero modo di riposare come avrebbero voluto, per via del frastuono proveniente dalla cucina.
Babbo Natale aveva deciso di preparare i suoi biscotti allo zenzero, quelli che, inzuppati nel tè natalizio speziato, inebriavano l'aria di profumi caldi e accoglienti.
«Mancano farina, uova e zenzero. Lo zucchero ce l'ho, ma di certo non mi basterà. Questa volta vorrei riuscire a fare almeno un biscotto per ciascun bambino e bambina!»
Ogni anno era la stessa storia: Babbo Natale cercava di fare i biscotti per tutti e tutte come dono da parte sua, ma alla fine i dolcetti, non si sa bene come, finivano sempre prima del 24 dicembre, nonostante cercasse di metterli da parte.

«Sarà il caso che faccia un salto alla drogheria del villaggio per prendere gli ingredienti che mi mancano.», pensò tra sé Babbo Natale mentre si infilava il cappotto e usciva dalla porta, senza essersi neppure accorto di avere ancora ai piedi le pantofole e in testa il cappellino da notte.

Babbo Natale, tornato dal villaggio con sacchi di farina e zucchero, contenitori di uova, zenzero e spezie segrete, si mise al lavoro.

Le renne accorrevano sempre quando sentivano odore di dolcetti fatti in casa, e cercavano di affacciarsi tutte alla finestra della cucina, incastrando gli uni sugli altri i loro nasi. Volevano vedere come si preparavano e speravano anche che Babbo Natale, cotta la prima teglia, aprisse la finestra e facesse assaggiare loro qualche biscotto.

Rudolph, che non trovava spazio tra tutti quei nasi, decise di bussare alla porta. Babbo Natale gli aprì e disse:

«Rudolph non è questo il momento di...»

Non fece neppure in tempo a finire di parlare, che la renna era già entrata in cucina e, seduta di fianco al tavolo, osservava ingredienti e formine. Le altre renne da fuori guardavano stupite la scena e Babbo Natale incredulo, non poté che chiudere la porta alle sue spalle e continuare quello che stava facendo. Ad uno ad uno i biscotti pronti venivano messi in scatole di latta, le une impilate sulle altre, e Rudolph chiudeva con i coperchi quelle piene.

"Quest'anno mi sembra che i biscotti siano ancora più buoni del solito. Sono così croccanti e profumati... che bontà!" pensava Babbo Natale sgranocchiandone uno con gli occhi chiusi mentre spargeva farina per tutta la cucina saltellando di qua e di là.

Approfittando della distrazione di Babbo Natale, Rudolph aveva preparato una scatola per le sue amiche, che invece se n'erano accorte eccome, e aspettavano impazienti il loro turno di assaggio.

Mentre in casa il forno acceso e la stufa diffondevano un caldo tepore, là fuori la neve cominciava a scendere fitta e il vento a soffiare più forte del solito.

9 DICEMBRE

Rudolph la mattina, dopo la scorpacciata di biscotti della sera precedente, si sentiva strano. Non capiva come mai, ma era agitato ed era come se sentisse di dover uscire per andare alla ricerca di qualcosa. Effettivamente, una volta aperti gli occhi, si accorse che il suo naso lampeggiava di rosso e pensò che le sue sensazioni forse avessero un fondamento. Poi accadde una cosa ancor più strana: gli sembrò quasi che il suo naso lo tirasse. Fu costretto ad alzarsi e ad uscire dalla stalla. Solo Fulmine, che si svegliava all'alba, si accorse di tutto.

«Rudolph, non avrai mica intenzione di andare là fuori adesso, vero?»

La renna, che correva come attratta da una calamita nella tormenta di neve in corso, non fece in tempo a rispondere.

Il suo naso lampeggiante aveva chiaro dove portare Rudolph, che lo seguiva fiducioso nonostante il gran freddo e la neve che gli cadeva sul muso. Attraversò il villaggio e i venditori più mattinieri guardarono la scena stupiti: non avevano mai visto il naso di una renna lampeggiare. Al limitare del villaggio, il venditore di caldarroste aveva visto Rudolph avvicinarsi di corsa. Quando gli passò di fianco, gli lanciò un sacchetto di castagne appena cotte, che la renna prese al volo senza neppure fermarsi, ringraziando con uno sbuffo veloce. Sulla cima della collina di fronte, si vedeva qualcuno sventolare un fazzoletto rosso di fianco a un camion. Rudolph lo aveva riconosciuto: era il camion delle lettere per Babbo Natale. Il suo naso cominciò a tirarlo ancora più forte e in men che non si dica raggiunse la cima.

«Per fortuna che sei arrivata cara renna! Qui sono bloccato dalla tormenta e la strada del villaggio è impraticabile, posso solo tornare indietro. Porterai tu il carico a destinazione?»

Rudolph fece un altro dei suoi sbuffi di assenso e il postino legò sulla schiena della renna due grandi sacchi colmi di lettere.

«Credo che domani la situazione non sarà cambiata, ci vediamo qui alla stessa ora?»

Di nuovo Rudolph sbuffò e corse verso casa. I negozi cominciavano ad aprire e le decorazioni natalizie illuminavano le prime ore del giorno.

10 DICEMBRE

Babbo Natale si stava accorgendo non solo di quanto fosse stato importante aver incontrato Rudolph, ma anche di quanto dovesse essere impegnativo per la renna convivere con le magie del suo naso.
Così, dopo che anche quel giorno Rudolph consegnò le lettere la mattina presto, Babbo Natale decise di farlo entrare in casa per riprendersi dal freddo della tormenta.
«Mettiti qui di fianco al camino. Puoi rimanere fino a pranzo, quando porterò qualcosa di caldo da mangiare nella stalla e potrai tornare con le altre a riscaldarti.»
Rudolph apprezzò molto il gesto di Babbo Natale e, accoccolato vicino al fuoco scoppiettante, cadde in un sonno profondo. Non appena si addormentò fece un lungo sogno.
Era la notte del 24 dicembre e Babbo Natale stava sorvolando insieme alle sue renne il cielo stellato del Polo Nord. Prima tappa di consegna gli igloo degli eschimesi.
Babbo Natale, con la sua grande pancia, cominciò ad addentrarsi nel primo, ma successe che quasi a metà del cunicolo rimase bloccato.

Cominciò a divincolarsi muovendo le gambe. Cercava di attirare l'attenzione delle renne che sperava si accorgessero di quello che aveva combinato e cercassero di farlo uscire di lì.

Alcune di loro, non troppo lontane, si avvicinarono, incuriosite da quello strano sbattere di piedi. Capito il guaio in cui si era cacciato Babbo Natale, cominciarono a tirarlo per i vestiti cercando di farlo uscire, ma niente da fare, era proprio ben incastrato!

Rudolph, che aveva sentito il naso farsi sempre più caldo all'improvviso, pensò di avvicinarsi. Così facendo, si accorse che cominciava a scaldare il bordo dell'ingresso da cui il grande pancione non riusciva più né ad entrare né ad uscire.

Piano piano il ghiaccio del cunicolo si sciolse quel tantino da permettere a Babbo Natale di scivolare fuori.

«Grazie mie care, e grazie Rudolph! Per fortuna che il tuo naso è versatile e pronto a ogni evenienza!»

Poi sospinse con le braccia i regali ad uno ad uno dentro l'igloo, senza rischiare di incastrarsi ancora. Subito dopo ripartirono alla volta del mondo intero, anche se in ritardo sulla tabella di marcia.

Dopo questo sogno (forse premonitore?), Rudolph si svegliò di soprassalto e si accorse che era già ora di pranzo.

Si diresse verso la cucina dove vide Babbo Natale mangiare: patate al forno con arrosto, formaggio, insalata e per finire una grande fetta di torta al cioccolato multistrato con tazza di tè natalizio speziato a parte.

La renna, decisa, andò al tavolo dove Babbo Natale stava pranzando e prese con i suoi forti dentoni il piatto dove era servita la torta: lo mise in frigorifero e guardò Babbo Natale.

«Mi stai dicendo che dovrei mettermi a dieta?»

11 DICEMBRE

L'11 dicembre il villaggio organizzava il Mercatino Natalizio.
Da ogni dove arrivavano artigiani, pasticceri, sarte e chi più ne ha più ne metta. Tutti e tutte lì per vendere piccoli oggetti o cibi fatti a mano, che ispiravano a chiunque (anche a chi era sempre a corto di idee) i regali da fare ad amici e parenti.
Babbo Natale quel giorno, ogni anno, partecipava al grande evento: costruiva la sua piccola casetta nella piazza del mercato intorno alla quale venivano allestite le bancarelle. Con sé portava le sue renne che adoravano i bambini e si divertivano a portarli in groppa su e giù per il villaggio, mentre aspettavano il loro turno per parlare con Babbo Natale.
Chi aveva la possibilità di vederlo in carne ed ossa erano solamente i bambini e le bambine che abitavano nel suo piccolo villaggio. Non solo, potevano anche parlargli direttamente senza dover scrivere per forza la letterina (che comunque ci tenevano a fare: speravano che così Babbo Natale non avrebbe rischiato di dimenticarsi qualcosa). Uno per volta, i bambini e le bambine entravano nella casetta di legno e il buon

omone li faceva sedere sulle proprie ginocchia per riuscire a sentire bene tutto quello che avevano da dirgli.
«Babbo Natale, è vero che la notte della Vigilia noi bambini non possiamo vederti, altrimenti non tornerai l'anno dopo?»
«Ma no mio caro, sono solo dicerie!»
Girava voce che nessun bambino potesse vedere Babbo Natale la notte del 24 dicembre, pena il non ricevere più la sua visita l'anno seguente. Babbo Natale però cercava sempre di smentire queste fantasiose voci, infatti sarebbe stato ben felice di salutare i bambini e le bambine a cui distribuiva i regali, peccato che il 24 notte il sonno fosse molto più profondo del solito e neppure il suono di dieci campane sarebbe riuscito a disturbarlo.
Rudolph, lì fuori, era davvero curioso di sapere cosa si raccontassero nella casetta di legno e cercava di intuire le parole leggendo il labiale di chi stava parlando (con scarsi risultati).
Ad un certo punto, gli capitò per sbaglio di appoggiare il proprio naso sul vetro della finestra e all'improvviso sentì tutto forte e chiaro,

tanto che, dallo spavento, fece un balzo all'indietro. Poi riprovò ad avvicinarsi e, appoggiato il naso rosso al vetro, tornò ad ascoltare quello che si diceva all'interno, capendo tutto per filo e per segno: il suo naso funzionava anche da amplificatore!

Il bambino dentro in quel momento disse:

«Mi piacerebbe poter stare un giorno intero con la renna dal naso rosso che prima mi ha fatto fare il giro del villaggio.»

Babbo Natale disse che non sapeva se sarebbe riuscito a realizzare il suo desiderio, ma Rudolph, che a sua insaputa aveva sentito tutto, si introdusse nella casetta e, con uno sbuffo, invitò il bambino a salire in groppa. Senza pensarci due volte il piccolo con un balzo si accomodò sulla morbida schiena della renna e i due si diressero verso la porta, pronti per passare insieme l'intera giornata.

«Mi stupisci ogni giorno di più Rudolph! E tu piccolo, sei un bambino fortunato, ecco a te il regalo che desideravi!»

CARO
BABBO NATALE...

12
DICEMBRE

Babbo Natale aveva ricevuto praticamente tutte le lettere. Le ultime solitamente arrivavano intorno al 15, mai oltre, anche perché i bambini e le bambine si portano sempre avanti quando si parla di doni. Anche quest'anno Babbo Natale, trascrivendo i regali che avrebbe dovuto procurarsi, aveva riempito un libro intero ed era ormai pronto a rifornirsi di tutto il necessario.

Quello era il giorno della visita alla fabbrica degli gnomi, dove provvedeva a raccogliere i doni. La fabbrica si trovava alla fine di un'ampia valle, in cima a un monte sempre innevato che si poteva raggiungere solo volando. Le renne quindi si preparavano al loro primo volo di stagione con la slitta. Tutte eccitate cominciarono a scaldarsi correndo per il prato e sgranchendosi le zampe.

Rudolph, colto dall'ansia, camminava avanti e indietro chiedendosi come avrebbe fatto a volare: non lo aveva mai fatto prima e pensava che avrebbe tirato giù tutti se non ci fosse riuscito. Fulmine gli andò vicino: «Rudolph non temere, anche se non riuscirai a volare questa volta, siamo talmente tante che sosterremo il tuo peso. Pensa che le prime volte ci capitava di cascare giù, rovesciare la slitta piena di regali e dover rimettere tutto a posto per poi riprendere il viaggio e ce l'abbiamo sempre fatta. Io ti posso dare solo alcuni consigli, perché poi il volo per una renna, una volta appresa la tecnica, è qualcosa di assolutamente naturale. Comincia a correre e quando avrai raggiunto la massima velocità pensa di sentirti leggero, come un fiocco di neve. Poi chiudi gli occhi, continua a correre e vedrai, senza neppure accorgertene, sarai alto nel cielo! Per evitare di cadere non guardare mai in basso e se vuoi atterrare smetti di muovere le zampe. Tutto qui!"

Rudolph allora cominciò a correre, le zampe gli tremavano un po', ma cercò di non farci caso. Arrivato al massimo della velocità chiuse gli occhi e fece come diceva Fulmine. Ad un certo punto li riaprì e si accorse di una cosa incredibile: stava guardando tutto dall'alto!

Nel frattempo il suo naso cominciò a emettere quella luce fortissima di qualche giorno prima, insieme alla musica. Rudolph era emozionatissimo e smettendo di correre cominciò l'atterraggio, mentre la musica e la luce si affievolivano.

Si unì alle altre in capo alle briglie: Babbo Natale pensò che in caso di nebbia il suo naso luminoso avrebbe fatto comodo.

Il viaggio come previsto andò per il meglio e, arrivati dagli gnomi, che li stavano aspettando, il mastro gnomo si fece consegnare la lista dei doni.

Recuperati tutti i regali, che in poco tempo gli gnomi avevano preparato in grandi e resistenti sacchi di iuta (erano davvero molto efficienti), caricarono l'intera slitta.

Dopo calorosi saluti, Babbo Natale e le renne tornarono a casa. Arrivati, scaricarono i regali nel salotto di Babbo Natale: era talmente pieno che non ci si poteva più fare un passo!

13

DICEMBRE

Dopo il suo primo volo, Rudolph non riusciva più a smettere di correre, alzarsi in aria e svolazzare qua e là. Appena sveglio, la mattina, dopo un breve riscaldamento, era già alto nel cielo. Era riuscito anche a coordinare i prodigi del suo naso al planare nell'aria.
Mentre prendeva la rincorsa cominciava a farlo illuminare e, una volta in cielo, a poco a poco accendeva la musica. Faceva alzare e abbassare il volume a suo piacimento: quando canticchiava la canzone il volume si alzava, e si abbassava quando era in silenzio o concentrato in manovre un po' azzardate.
Fulmine lo vide esultare nell'aria mentre roteava in modo pazzo, e decise, dopo aver mangiato una croccante carota ghiacciata per colazione, di raggiungerlo lassù. Ormai i due erano diventati amici e Fulmine riusciva con Rudolph ad essere anche meno brontolone.
«Iuhuuu! Sto arrivando!»
Quando i due cominciarono a rincorrersi nel cielo, la musica del naso rosso e luminescente di Rudolph, prese a farsi sempre più forte, così forte che tutti gli abitanti del villaggio aprirono le finestre chiedendosi

da dove provenissero quelle meravigliose melodie natalizie.
Quando si accorsero che si trattava di due renne felici in cielo, cominciarono ad indicarle e presero a scendere per le vie, mossi da una grande euforia.
Lì in mezzo alla piazza dell'albero di Natale, iniziarono a cantare e a danzare anche loro. Bambini e bambine, vecchiette e vecchietti, renne e scoiattoli, tutti insieme si divertivano moltissimo, e i due amici continuavano a volare sopra di loro a ritmo di musica.
Babbo Natale, che aveva il sonno pesante quella mattina, si svegliò solo quando tutti gli abitanti del villaggio erano usciti dalle loro case e si davano alle danze cantando intorno al grande albero addobbato. A quel punto sentì il trambusto e, dopo essersi alzato dal letto, aprì la finestra.
Con le sopracciglia aggrottate, sforzandosi di vedere senza gli occhiali, si rese conto di quello che stava accadendo poco più in là. A quel punto si mise gli occhiali e rimase lì a guardare incredulo qualche secondo. Poi finalmente, avendo ben chiara la situazione, si vestì con il suo completo

verde, corse per le scale e scese in piazza. Si lanciò nella mischia a cantare e ballare. Le renne svolazzanti nel cielo limpido erano davvero euforiche e avrebbero continuato così per giorni se non avessero avuto tanto lavoro da fare prima della Vigilia.

Babbo Natale dopo aver ballato le note di Jingle Bells decise di tornare a casa per impacchettare i doni.

Rudolph e Fulmine, poco dopo, regalarono l'ultima canzone agli abitanti del villaggio e poi atterrarono in piazza. Acclamati da tutti, spiegarono che era il momento di andare ad aiutare Babbo Natale con i preparativi.

Mentre si incamminavano verso casa, i fiocchi di neve cadevano dal cielo e si posavano lievi sul grande albero di Natale nella piazza del villaggio.

14 DICEMBRE

Quando mancavano dieci giorni alla Vigilia, Babbo Natale andava su di giri: era colto dall'ansia di non riuscire ad organizzare gli ultimi preparativi e soprattutto... temeva che un altro bottone della sua divisa rossa non si allacciasse più.

Il 25 dicembre di ogni anno portava il completo dalla sua sarta di fiducia al villaggio. Ci voleva sempre una revisione dopo aver volato sotto la pioggia e le bufere di neve, così che l'abito fosse messo a nuovo per l'anno successivo.

Rosa, la sarta, era una vecchina che cuciva vestiti per tutto il villaggio e anche per i paesini dei dintorni. La velocità e precisione con cui faceva entrare e uscire l'ago dai tessuti era incredibile e Babbo Natale era talmente ammaliato dalla sua abilità che avrebbe potuto stare a guardarla tutto il giorno (anche perché solitamente lei lo faceva accomodare e gli offriva qualche dolcetto a cui lui proprio non sapeva resistere).

«Rudolph, visto che ti piace così tanto volare, che ne dici di accompagnarmi al villaggio? Devo andare a ritirare il mio abito dalla

sarta. Sai, non vorrei che ci fosse qualche bottone da spostare.»
La renna era un po' preoccupata: non aveva mai volato con qualcuno in groppa e perdipiù quel qualcuno aveva una stazza non indifferente! Rudolph, suo malgrado, accettò la proposta.
Mentre Babbo Natale andava a prepararsi la sua abbondante colazione, la renna corse a rimpinzarsi di carote e tè caldo. Immaginandosi la fatica che avrebbe fatto, pensò sarebbe stato meglio avere la pancia piena. Poi cominciò a riscaldare i muscoli in vista del volo, seppur breve. Ormai aveva assodato la tecnica, ma non si poteva mai sapere.
Babbo Natale era pronto e Rudolph lo raggiunse sull'uscio di casa.
«Ehm... Rudolph, credo che tu ti debba abbassare perché io possa venire in groppa, ho perso l'agilità di un tempo.»
Dopo qualche tentativo, il grosso omone riuscì a salire e, per paura di cadere, si sistemò abbracciando forte il collo di Rudolph.
«Oooh!»
Esultò Babbo Natale, e la renna rispose a tono:
«Iiiih!»

Cominciò la corsa. In pochi secondi erano già alti in cielo, con naso acceso e musica natalizia a tutto volume!

Il panorama dall'alto era meraviglioso e Babbo Natale non faceva che indicare di qua e di là tutti gli animali che riusciva a scorgere tra gli alberi e indicare le persone nella piazza del grande albero di Natale.

«Guarda Rudolph, vedi laggiù? C'è uno stambecco! E lì? Guarda, guarda, una marmotta!»

La renna era un po' in difficoltà per via del continuo muoversi di Babbo Natale che si sbilanciava per mostrargli tutto quello che vedeva e nel frattempo canticchiava le canzoni natalizie che stavano ascoltando.

Dopo qualche minuto fortunatamente atterrarono nella piazza del mercato ed entrarono nel negozio.

«Avanti miei cari!»

15

DICEMBRE

La renna teneva il muso a Babbo Natale perché Rosa, il giorno prima, fu costretta ad allargare di qualche centimetro il completo rosso.
Inoltre una volta tornati dal villaggio, mentre faceva una passeggiata al chiaro di luna, Rudolph l'aveva colto mentre mangiava di nascosto a grandi bocconi quella torta che aveva messo in frigorifero qualche giorno prima: era proprio arrabbiato. Decise così di prendere in mano la situazione e pensò che da quel momento si sarebbe occupato di preparargli la colazione.
Quella mattina andò in cucina (aveva imparato ad usare la maniglia), accese il bollitore, prese una scatola di latta di biscotti (quelli fatti in casa da Babbo Natale) e ne mise quattro sul tavolo, vicino alla tazza.
L'uomo dalla grande pancia e lunga barba bianca, stiracchiandosi arrivò in cucina e sgranando gli occhi disse:
«Quella è la mia colazione? E dov'è il burro? E il pane? E la crema di nocciole alla cannella? Rudolph, ma tu mi vuoi vedere deperito! Lo so, hai ragione, sei arrabbiato perché ieri Rosa ha spostato un bottone al mio abito, ma io non posso rinunciare ai dolci, forse magari potrei

impegnarmi a mangiarne meno, questo sì. Così però è davvero troppo... poco!», esclamò Babbo Natale, mentre Rudolph lo guardava con un'espressione di rimprovero. La renna pensò di aver fatto abbastanza ed uscì dalla cucina.

Babbo Natale si sedette al tavolo e mangiò i suoi pochi biscotti, così lentamente, per avere la sensazione che fossero di più, che impiegò quasi mezz'ora a finire tutto.

Poi però inaspettatamente, si accorse di avere molte più energie del solito, che era pieno di buona volontà e idee per la notte del 24. Pensò che quei quattro biscotti racchiudessero poteri magici, anche se non era affatto così. Non sapeva come fosse possibile, ma non aveva neppure sentito la necessità di rilassarsi di fronte al camino per dieci minuti dopo colazione, come faceva di solito.

Incredulo e pieno di entusiasmo corse nella rimessa e, dopo aver passato la carta vetrata per ripulire la superficie della sua slitta, cominciò di tutta lena a riverniciarla: una passata rossa fiammante, un'altra decorativa verde abete, una trasparente contro le intemperie e infine una spruzzata di brillantini dorati per farla brillare nella notte.

Rudolph aveva pensato di raggiungerlo per rallegrarlo con qualche canzone natalizia e in più per fargli luce, visto che ormai si era fatta sera.

«Rudolph, non sai quanto mi hanno fatto bene quei quattro biscotti questa mattina! Guarda che lavoro che è venuto fuori! Se mi fossi riempito troppo la pancia sarei stato di gran lunga più lento e impreciso.»

Rudolph alzò il volume della musica e cominciò a tamburellare con lo zoccolo sul pavimento per poi cominciare a saltellare, lasciandosi trasportare dalle melodie festose del suo naso.

Babbo Natale intuì il messaggio e insieme presero a ballare su e giù per la rimessa, mentre laggiù le luci del grande albero in piazza illuminavano il villaggio, gli ultimi negozi chiudevano i battenti e ormai ci si preparava per la cena.

16
DICEMBRE

Babbo Natale aveva ancora moltissime energie e decise di fare una proposta a tutte le renne:
«Care amiche, che ne dite se oggi vi porto a pattinare sul ghiaccio? Dai che ce la spasseremo! So che c'è ancora molto da fare in vista della Vigilia, ma sono sicuro che possiamo prenderci una mattinata di svago, ce la meritiamo!»
Le renne si guardarono tra loro. Si chiedevano come mai l'uomo a cui erano tanto affezionate non si rendesse conto del fatto che esseri umani e renne talvolta non possano fare le stesse cose. Ma come avrebbero potuto dire di no proprio a lui, a cui volevano tanto bene? Non ce la facevano mai a tirarsi indietro di fronte alle sue richieste, così anche questa volta accettarono, loro malgrado, di seguire quell'omone così eccentrico!
Negli anni Babbo Natale era riuscito a procurarsi un numero adeguato di pattini da ghiaccio per tutte le renne. Erano stati fatti su misura dal suo fidato amico calzolaio. Erano tutti rossi e verdi e la lama era affilata al punto giusto.

Dopo dieci minuti di camminata, Babbo Natale e le renne raggiunsero il laghetto ghiacciato alle spalle del villaggio dove, in quattro e quattr'otto, tutte indossarono i loro pattini.
La cosa che ogni volta le lasciava perplesse, era che Babbo Natale in realtà, non sapeva affatto pattinare, nonostante gli anni di esercizio. Infatti invitava le sue care renne a pattinare con lui, anche perché ne approfittava per mantenersi in equilibrio appendendosi a due di loro ogni volta. Così accadde ancora una volta!
«Dai, Fulmine e Rudolph, che ne dite di farci un giro del laghetto insieme?»
Fulmine si scocciava sempre quando capitava a lui di dover fare da appoggio, perché gli piaceva molto pattinare veloce e il peso di Babbo Natale, naturalmente, lo rallentava. Questa volta però andò diversamente.
Rudolph, d'un tratto, tirò un grande starnuto e il suo naso rosso sfavillante si illuminò di una luce fortissima che, man mano affievolendosi, rilasciò della polverina luccicante. Ne cadde un pizzico sui piedi di Babbo

Natale e questi presero a muoversi armoniosamente sul ghiaccio: era strabiliato dalle sue inedite capacità ed esultando cominciò a girare e girare sulla superficie ghiacciata del laghetto, a piroettare e danzare. Le renne, in un primo momento immobilizzate e sbalordite, presero poi a seguirlo e tutti insieme se la spassarono alla grande!

Nel frattempo, in lontananza, si cominciò a sentire il coro del villaggio provare i brani natalizi nella piazza del grande albero e si diffondeva, nell'aria fresca del mattino, il profumo di pane appena sfornato, pronto per l'ora di pranzo ormai vicina.

17
DICEMBRE

«Mie care, questa mattina dobbiamo occuparci della pista di atterraggio. Meglio portarsi avanti con le candele, dobbiamo farne almeno una cinquantina!»

L'addetto alle candele era Fulmine. La sua precisione e meticolosità gli permettevano di realizzarne di bellissime e a prova di neve.

Recuperati cinquanta barattoli vuoti di crema alle nocciole, messi da parte durante l'inverno una volta finiti da Babbo Natale, si occupò di tagliare dello spesso filo di cotone per lo stoppino. Bisognava mettere a scaldare la cera a scaglie per poi versarne la giusta quantità in ogni singolo vasetto. La cosa che distingueva le candele di Fulmine da tutte le altre era però un piccolo ingrediente segreto. Durante l'inverno la renna raccoglieva dai rami degli abeti più profumati un'ingente quantità di resina che teneva da parte in una ciotola nascosta sotto un po' di fieno vicino alla sua postazione nella stalla. Quando la cera era ancora liquida nel barattolo, la renna faceva cadere all'interno una goccia di quella profumatissima sostanza collosa che avrebbe sprigionato un intenso aroma natalizio. Inaspettatamente Rudolph prese a starnutire e un'ondata di polverina luccicante, uscita dal suo naso, andò a posarsi sulla superficie ancora liquida della cera, rendendo più belle e natalizie tutte le candele. La renna fece un altro starnuto e, magicamente, dal suo naso uscì una piccola fiamma che in un batter d'occhio andò ad accendere lo stoppino più vicino. Rudolph per un attimo si spaventò. Non avrebbe mai pensato che il suo naso potesse anche generare fuoco, eppure era davvero così! Tutte le renne e anche Babbo Natale, che aveva assistito alla scena, rimasero a guardare quella piccola candela profumata e sfavillante. Decisero che quella l'avrebbero tenuta accesa per loro, fino a quando non si fosse consumata. La portarono di qua e di là durante tutta la giornata e Babbo Natale, la sera, decise di mangiare con le renne nella stalla, così da poter godere insieme di quella piccola e magica lucina, che sembrava aver ammaliato tutti. Il tempo sembrava essersi fermato nella stalla, ma là fuori, la luna aveva già occupato il suo posto nel cielo e dava la buonanotte anche a chi di andare a letto proprio non ne voleva sapere.

18
DICEMBRE

La notte passò quasi in bianco perché le renne e Babbo Natale non riuscivano a staccare gli occhi da quella luccicante candela, che finì di illuminare la stalla solo alle quattro del mattino. Peccato che i lavori della pista di decollo e atterraggio erano ancora parecchi e ora erano in ritardo. Fulmine si svegliò di soprassalto alle dieci:

«Per tutti i fulmini e le saette, sono le dieci passate! Siamo in ritardo sulla tabella di marcia, avremmo dovuto essere in piedi per le sette, spazzare la pista, finire le candele, spianare il terreno..."

Le urla di Fulmine fecero svegliare tutte le renne e anche Babbo Natale, che si era trascinato fino in camera sua quasi all'alba.

L'uomo panciuto spalancò la finestra e ancora con il cappellino del pigiama in testa e gli occhi semichiusi gridò con quanta più voce avesse in corpo:

«Bando alle ciance mie care, al lavoro! E tu Fulmine, vedi di essere più ottimista una volta ogni tanto, riusciremo a fare tutto per tempo, come sempre!»

Fulmine scosse la testa e assieme ad altre renne si mise a riempire uno dopo l'altro i barattoli di cera ben calda e in meno di un'ora, con suo grande stupore, erano già a metà del lavoro. Babbo Natale, che per il sonno non si era accorto di un gradino ed era rotolato giù dalle scale, aveva deciso di darsi subito da fare saltando la colazione e rimanendo in pigiama, cappellino compreso. Rastrello alla mano, cominciò a pulire la pista dietro casa, che ogni anno si riempiva di erbacce e montagnette di terra (per via delle talpe che si divertivano a saltar fuori da ogni dove). Le renne lo aiutavano strappando con i loro dentoni le piante infestanti e spazzando con le code le foglie secche. Rudolph, non meno addormentato delle altre, si era reso conto che se avessero continuato a quel ritmo, non sarebbero di certo riusciti a finire in tempo. Poco dopo si accorse che il suo naso cominciava ad emettere un venticello fresco. Rudolph colse il segnale e disse:

«Spostatevi, presto!»

Dal suo naso uscì un vento fortissimo, che spazzò via quasi tutto, persino Babbo Natale che non era riuscito a mettersi da parte e ora si trovava a pancia in su... sopra cumulo di foglie secche!

19
DICEMBRE

«Eeeetciù! Eeeetciù! Eeeetciù!»

Babbo Natale non la smetteva più di starnutire. Il giorno precedente, a seguito del volo sul cumulo di foglie, aveva cominciato ad avere il raffreddore. Ed ecco Fulmine, il solito brontolone, farsi avanti sulla finestra socchiusa del salotto:

«Mio caro Babbo Natale, anche quest'anno alla fine il raffreddore è arrivato, eh? Io lo dico sempre che prima di mettersi al lavoro si deve fare una ricca colazione e coprirsi a dovere. Ieri invece tu sei uscito in pigiama e a stomaco vuoto!»

Mentre la renna procedeva con i rimproveri, Babbo Natale attraversò la stanza faticosamente, soffiandosi il naso. Senza farsi troppi problemi chiuse la finestra sul grande nasone di Fulmine e tirò le tende: non aveva proprio voglia di essere sgridato a quel modo (anche perché, sotto sotto, sapeva anche lui di essere stato incauto il giorno prima).

La signora Dora della porta accanto, aveva sentito gli starnuti del buon vecchio vicino di casa e si precipitò in cucina, dove teneva appeso di fianco alla stufa il suo calendario...

«*19 dicembre: Babbo Natale dovrebbe essersi preso il raffreddore. Andare in visita per assicurarsi che stia bene* Mi sembrava di aver sentito starnutire di là, sarà meglio che faccia un salto.»

La signora Dora, che abitava con il suo gattone rosso (e grosso) Tobia, era la farmacista del villaggio e si segnava tutti gli anni sul calendario che il 19 dicembre Babbo Natale si prendeva il raffreddore per lo stress natalizio.

«Babbo Natale, buongiorno!»

«Oh Dora, per fortuna che sei arrivata, non avevo le forze di venire di là da te. Sai, sono così stanco per i preparativi che ho le difese immunitarie abbassate e mi sono preso un bel raffreddore.»

«Ma non eri tu ieri in giardino, in pigiama in mezzo alle foglie?»

Babbo Natale non ebbe il coraggio di dire altro e sprofondò nella sua poltrona, sotto la coperta di lana, con tutta la barba bianca a nascondergli le guance rosse. Dora mentre apriva le tende sorrideva divertita, sapendo di averlo colto sul fatto.

«Dunque ti preparo il solito sciroppo balsamico?»

20 DICEMBRE

Dora assisteva il buon vecchio preparandogli di nuovo lo sciroppo. Rudolph osservandoli, era stupito di quanto andassero d'accordo e Fulmine, arrivando da dietro, gli disse:
«Questi due sono strani sai? Ogni anno dal 19 fino al 24 dicembre, si vedono tutti i giorni, prima per via del raffreddore di Babbo Natale, poi perché Dora si offre di darci una mano con i preparativi, e lui le regala due belle scatole di biscotti speziati, ne va davvero ghiotta. Ma mai che uno dei due faccia il passo avanti!»
«Vuoi dire che sono innamorati e non sono ancora riusciti a dichiararsi in tutti questi anni?», disse Rudolph sconcertato.
«Proprio così!», rispose Fulmine.
Il naso di Rudolph cominciò a pizzicare. Probabilmente stava già meditando qualcosa, ormai cominciava proprio a riconoscerne i segnali. La renna era talmente curiosa di scoprire cos'altro sapesse fare il suo naso, che si lasciò trasportare dall'istinto.
«Cara Dora, vorrei offrirti un buon caffè di Natale, l'ho comprato alla drogheria giù al villaggio e vorrei ringraziarti offrendotene una tazza!"

«Oh grazie mio caro, ma tu devi riposare, altrimenti tutti quei doni chi li consegnerà se non ti rimetti presto? Lascia che lo faccia io tra dieci minuti, ora sto preparando lo sciroppo e non posso distrarmi, non vorrei esagerare con l'essenza di eucalipto.», rispose Dora mentre sgranocchiava uno dei suoi amatissimi biscotti speziati.

Rudolph pensò che quello sarebbe stato un buon momento per darsi da fare e, senza farsi vedere, era già arrivato in cucina, sospinto dal suo naso. Lì, in men che non si dica, fece scaldare l'acqua del caffè, posizionò due tazze sul carrellino e versò la bevanda bollente al loro interno. Infine spinse tutto quanto verso il salotto prima che Dora si avvicinasse alla cucina.

«Ma... mio caro, come hai fatto a preparare tutto questo da lì? Oh beh, grazie comunque, porto il carrellino vicino a te così beviamo insieme».

Babbo Natale, stranito per l'accaduto, si voltò verso la finestra e incrociò lo sguardo di Rudolph, che nel frattempo era uscito e gli faceva l'occhiolino.

La renna passò la giornata a rincorrere i due senza dare troppo nell'occhio, creando situazioni in cui cercava di farli avvicinare un po' di più, nella speranza che almeno uno dei due si dichiarasse all'altro.
Le sue azioni non furono vane, tanto che, prima di cena, Babbo Natale si sbilanciò e disse a Dora nel momento di salutarsi:
«Dora, cosa farai il 25 dicembre? Mi piacerebbe invitarti al mio pranzo di Natale, se non hai niente in contrario. Sai, sarò con zii e parenti vari, che ogni anno regalano solo calzini di lana, spero che accetterai l'invito... e che ti piacciano i calzini!»
Dora arrossì, come non aveva fatto mai prima d'ora, per quell'invito così atteso, ma inaspettato. Per qualche secondo non riuscì a dire nulla, tanto che Babbo Natale cominciò a preoccuparsi.
Poi però lo prese per mano e disse:
«Certo che verrò, aspettavo questo invito da tanto tempo, sai? Buonanotte Babbo Natale, e riposati!»
Quella notte limpida e stellata, Babbo Natale e Dora si addormentarono sorridendo.

BUONANOTTE DORA!
BUONANOTTE BABBO NATALE!

21
DICEMBRE

Babbo Natale era completamente guarito dal suo raffreddore. Incredibile quanto fosse efficace quello sciroppo che Dora preparava apposta per lui: che fosse magico anche quello? Chi lo sa! In ogni caso la mattina del 21 dicembre, si svegliò radioso. Dopo tanti anni era finalmente riuscito a dichiararsi, a modo suo, alla sua cara Dora. Spalancata la porta d'ingresso, vestito a puntino e indossato il suo grembiule da toelettatura, si fece largo tra le renne nella stalla e arrivato al centro disse: «Che lo vogliate o no, oggi è il giorno della toelettatura! Vado a chiamare Dora così velocizziamo le cose e ci porta un po' di quella crema di cui andate matte!»

«In realtà l'unico ad andarne matto sei tu, sai? Quella crema è talmente densa che si incolla addosso. È vero che non lascia scompigliare il pelo e protegge dal freddo, ma a che prezzo! Tutto quel balsamico, bleah!»

«Suvvia Fulmine, non sarà poi così terribile!», disse Rudolph inconsapevole.

«Ecco, vedi? Ascolta Rudolph, lui sì che apprezza le mie attenzioni al vostro pelo. Arrivo subito con i rinforzi!»

Dora arrivò al seguito di Babbo Natale e tirate su le maniche disse: «Possiamo cominciare!»

Dopo il tipico schiocco del barattolo appena aperto, cominciò a mescolare quel balsamo colloso, pronta a riscaldarlo sulla stufa della stalla. Babbo Natale intanto stava pettinando ad una ad una le renne che si facevano avanti non particolarmente entusiaste. Tutte si lamentavano almeno una volta per quell'odore così balsamico che si dovevano tenere addosso fino al 24.

«Su mie care, mi ringrazierete quando saremo lassù in mezzo alle bufere di neve e al freddo!» disse Babbo Natale che pettinava mentre Dora cospargeva il balsamo caldo. Al turno di Rudolph, il suo naso nuovamente cominciò a pizzicare. Si accorse che, avvicinandosi al manto delle sue compagne, dopo pochi istanti, questo riluceva come illuminato da miriadi di stelle.

«Tieniti questo trucchetto per il 24 Rudolph, faremo un figurone lassù!» disse Babbo Natale sussurrando, e il bagliore si affievolì piano piano fino a sparire.

22
DICEMBRE

Mentre Babbo Natale faceva i fiocchi ai pacchi, Dora, che lo stava aiutando, si accorse che in casa mancava qualcosa di importante.

«Mio caro Signor Babbo Natale, mi vuole forse dire che ha dimenticato il calendario dell'avvento quest'anno?»

Lasciando cadere a terra i regali che aveva in mano, prendendosi la testa e guardando di qua e di là sconvolto, Babbo Natale disse:

«Per mille fiocchi di neve Dora, questa volta me ne sono proprio scordato!»

«E mi sa dire dove si trova di grazia, Signor Babbo Natale?»

«Non darmi del lei Dora, altrimenti mi fai sentire ancor peggio! Vieni, è in soffitta, andiamo a prenderlo!»

Dora faticò a stargli dietro salendo le scale (si vede che quello sciroppo energizzante aveva fatto proprio bene a Babbo Natale). Arrivati in soffitta, l'omone si tuffò nel suo grande baule natalizio e, dopo averlo quasi svuotato lanciando alle sue spalle tutto quello che trovava dentro (palline sfavillanti, puntali dorati, candele rosse e lumini vari), finalmente esclamò: «Ecco dove ti eri cacciato! Ne è passato di tempo, eh!»

Soddisfatto, senza fare alcun cenno a Dora, scese le scale alla stessa velocità di quando le aveva salite e posizionò il suo calendario proprio sopra il caminetto, aiutandosi con un martello.

«Pensa, questo me lo ha regalato l'anno scorso Fred, il pupazzo di neve del villaggio dietro la collina. Sai, lì ne vive un'intera comunità, e proprio lui mi disse: "Ricorda, questo calendario ti svelerà qualcosa riguardo una renna che incontrerai l'anno che verrà. Spero ti sarà gradito quello che succederà, ma abbi la pazienza di leggere un mini-libro alla volta." E io mi sono persino dimenticato di appenderlo, per mille bufere! Ma soprattutto, cos'avrà voluto dire con quella frase?»

Babbo Natale cominciava a sospettare qualcosa. Dopo cena, di fronte al caminetto lui e Dora decisero di leggere tutto fino al 22 dicembre. Presero uno per volta i mini libri, appesi ad un cordino rosso, sostenuto da un chiodino dorato per lato. Dopo averli letti, scoprirono che il pupazzo di neve aveva previsto il futuro: in ogni mini-libro si raccontava, per filo e per segno, tutto quello che era successo dall'arrivo di Rudolph.

23
DICEMBRE

Di fronte a una dolcissima fetta di torta al cioccolato e cannella, Babbo Natale disse:
«Pensa Dora, se avessi letto i minilibri giorno per giorno, avrei saputo affrontare tutto senza preoccupazioni, e invece...»
«E invece è stato molto meglio così, non fa bene un po' di sorpresa nella vita? Se no che gusto ci sarebbe?»
«Hai ragione Dora, però ora sono troppo curioso, e il minilibro del 23 dicembre lo leggo subito!»
Gli occhi di Babbo Natale corsero tra le righe e arrivato alla fine lanciò il minilibro in aria e disse: «Per mille abeti di Natale! Quale tragedia ho mai letto Dora! Dobbiamo assolutamente cercare la copertura per i regali da usare sulla slitta. A quanto pare l'ho persa l'anno scorso durante il viaggio di ritorno, lo dice il pupazzo di neve!»
Babbo Natale e Dora corsero nella rimessa, dove veniva custodita la slitta e tutti gli accessori per il viaggio.
Arrivati di fronte al baule che avrebbe dovuto contenere la copertura, trovarono un foglietto attaccato al legno con un chiodo: "Copertura

persa tra Milano e Londra, vedi di ricordartene in tempo. Firmato B.N."

«Per mille sciroppi allo zenzero Babbo Natale, te lo eri persino appuntato!», disse Dora sconsolata.

«La mia memoria perde colpi. Sarà meglio darsi da fare. Il minilibro diceva che oggi è l'ultimo giorno di apertura della merceria del villaggio prima delle vacanze. Facciamoci un salto!»

Babbo Natale e Dora, ormai inseparabili, camminando una dietro l'altro nella neve, arrivarono alla merceria. La signora Cleofe stava rammendando alcuni calzini con gli occhiali appoggiati sulla punta del naso.

Al tintinnare della campanella appesa alla porta saltò sulla sedia per lo spavento e il ditale le scappò dalle dita, finendo chissà dove sotto al bancone.

«Buongiorno Signor Babbo Natale, Signora Dora, cosa vi porta qui?»

L'omone spiegò la faccenda alla signora Cleofe che, rapidissima, procurò loro il tessuto (rosso e verde) per la copertura della slitta.

Dopo essersi augurati un Buon Natale e buone feste si sentì solo lo sbattere della porta, mentre Babbo Natale e Dora correvano via.»
Per tutta la notte la luce della rimessa rimase accesa, mentre i due innamorati cucivano e si raccontavano storie di Natale.
Anche le candele di altre case del villaggio rimasero accese, illuminando l'oscurità assieme alle stelle alte nel cielo. La Vigilia di Natale era ormai alle porte e ci si dava da fare per ultimare i preparativi: ghirlande profumate da stecchi di cannella e arancia essiccata da attaccare alle porte, fiocchi di raso rossi da legare sui corrimani delle scale, abeti natalizi da addobbare con palline luccicanti vicino ai camini scoppiettanti. Era quasi tutto pronto e là fuori riprendeva a nevicare.

COPERTURA PERSA TRA
MILANO E LONDRA,
VEDI DI RICORDARTENE
IN TEMPO.
FIRMATO B.N.

24 DICEMBRE
MATTINO

Le renne, quando aprirono gli occhi dopo una lunga dormita, guardarono fuori dalla finestra. Videro uno spesso e soffice manto di neve che copriva ogni cosa: erano euforiche. L'atmosfera era proprio perfetta per la Vigilia di Natale! Una alla volta uscirono dalla stalla per saltare qua e là nella neve fresca e bianchissima che stava ancora cadendo. I possenti alberi della foresta erano così carichi di neve che sembrava sarebbero scomparsi sotto quella vellutata coltre bianca. Inebriate dai profumi che uscivano dai camini del villaggio, per via dei preparativi dei cenoni natalizi, alzarono il muso verso il cielo godendosi il momento. Ma c'era ben poco da prendersela con comodo.

«Insomma cosa fate lì nella neve, qui c'è tanto da fare e poco tempo, inoltre il calendario dell'avvento di oggi non è stato per nulla ottimista sul meteo: solo bufere e tormente. Su diamoci da fare!»

Era il momento di caricare la slitta con i pacchi. Una dopo l'altra le renne entravano in casa, prendevano i regali con i loro dentoni, e poi li portavano nella rimessa per riempire la slitta.

Tutti erano all'opera, tranne Babbo Natale che, agitato com'era,

riusciva solo a stare in cucina a preparare il tè caldo speziato da mettere nel thermos e qualche spuntino energetico per il viaggio. Come tutti gli anni i preparativi lo rendevano un po' nervoso e gli capitava di parlare da solo mentre cercava di mantenere il controllo:
«Sì, mi sembra di aver organizzato tutto. Eppure ho come la strana sensazione che stia per accadere qualcosa di imprevisto, non so... Ma no sarà uno dei soliti presentimenti prima della partenza, niente di cui preoccuparsi, figuriamoci!», disse Babbo Natale mentre metteva i rifornimenti nella borsa da viaggio.
La notte arrivò presto. Fulmine si offrì di portare sulla slitta i viveri preparati da Babbo Natale, mentre le altre renne caricavano gli ultimi regali sulla slitta: per fortuna c'erano entrati tutti, o quasi...
«Per mille sciroppi! Babbo Natale, è successo un guaio! Ho appena visto due scoiattoli intrufolarsi in casa e aprire l'ultimo dei doni. Hanno rubato lo schiaccianoci che c'era all'interno del pacchetto e sono fuggiti via. Ho cercato di fermarli, ma hanno fatto un balzo fuori dalla finestra prima che riuscissi a prenderli! Perché non possono usare i loro

dentini come hanno sempre fatto, dico io. A cosa gli servirà mai uno schiaccianoci! Ora come facciamo? Non abbiamo tempo e ci manca un regalo!», sbottò Dora che, presa dal panico, non riusciva a frenare la lingua.

Babbo Natale all'opposto rimase di ghiaccio. Nel senso che proprio non riusciva più a muoversi e il suo colorito grigio era a dir poco preoccupante. Rudolph si avvicinò all'omone panciuto e il naso cominciò a pizzicargli: prese a spruzzargli sulla faccia dell'acqua, nel tentativo di farlo riprendere dallo shock, ma niente.

«Babbo Natale per favore, dicci qualcosa, non fare così! Vedrai ora troveremo una soluzione, ma tu riprenditi, ok?», cercò di rassicurarlo Dora.

Nessuna risposta da Babbo Natale, era rimasto nella stessa posizione e non sembrava intenzionato a muoversi, o meglio non ci riusciva affatto. Rudolph capì che avrebbe dovuto occuparsi della cosa in un modo o nell'altro, anche se per adesso il suo naso non dava nessun segnale di aiuto. La neve aveva cominciato a scendere più fitta e il vento a farsi più impetuoso. Le renne erano già legate le une alle altre pronte per il decollo, ma avevano capito che avrebbero dovuto aspettare. Mancavano solo quindici minuti alla mezzanotte e anche se a Babbo Natale piaceva partire in anticipo, questa volta sembrava dovesse rinunciarci.

Rudolph aveva deciso di prendere in mano la situazione: avrebbe raggiunto la fabbrica degli gnomi, avrebbe preso uno schiaccianoci e sarebbe tornato indietro, pur essendo ben consapevole che con quel tempaccio ci avrebbe messo molto più di un quarto d'ora. Ma non c'era alternativa, lo avrebbe fatto ugualmente, a costo di ritardare la consegna dei regali. Non riusciva proprio a immaginare che un bambino o una bambina nel mondo non avrebbe ricevuto il dono che aveva desiderato tanto. Così provò la luce del suo naso: serviva davvero che non sgarrasse perché riuscisse ad orientarsi nella bufera. Tutto sembrava funzionare, era pronto per il decollo. Cominciò a correre, ma appena prima di alzarsi in aria, vide volare qualcosa di grosso e bianco nel cielo: stupito si fermò. Dopo poco atterrarono tre pupazzi di neve.

«Buonasera a tutti e tutte! O forse è meglio dire buonanotte. Oh beh, cambia poco. Io sono Tom e il mio amico Fred qui mi ha detto di essersi svegliato nel bel mezzo del sonno per via di qualcosa che sentiva sarebbe successo. È corso da me dicendo che la consegna dei regali era in pericolo e io, come custode della Magia del Natale, ho ritenuto necessario venire qui a controllare che la premonizione fosse veritiera. Scusateci per l'abbigliamento poco curato, ma non abbiamo fatto in tempo a cambiarci. Ci tengo a farvi sapere che i pupazzi di neve sono molto attenti al vestire solitamente, ma per via dell'emergenza, ecco... Beh insomma, bando alle ciance!»

Dopo aver spiegato loro cosa fosse successo, Dora si presentò ai pupazzi di neve e scoprì che uno di loro era proprio quel Fred che prevedeva il futuro e che aveva regalato a Babbo Natale il calendario dell'avvento. Oltre a lui e a Tom, il custode della Magia del Natale, c'era Jo, il medico del villaggio dei pupazzi di neve, che si stava occupando di Babbo Natale, ancora congelato nella stessa posizione. Poi Tom, all'improvviso, tirò fuori dal cappellino da notte quello che aveva tutta l'aria di essere un semplice orologio da comodino.

24

DICEMBRE

SERA

«Carissimi e carissime, è necessario che ci prendiamo un po' di tempo per risolvere questo inghippo. Come custode della Magia del Natale, io tengo tra le mani l'orologio che permette a questa notte, a partire dalle dodici in punto, di essere la più lunga dell'anno. Allo scoccare della mezza notte di ogni 24 dicembre, le lancette cominciano a muoversi molto più lentamente del solito e così quelle degli orologi di tutto il mondo. Io sono l'unico a poter agire sul tempo e direi che adesso ce ne servirà di più. Un minuto prima della mezzanotte fermerò l'orologio ed essendo che a esso sono sincronizzati quelli del mondo intero, dovunque si fermeranno. Le persone, gli animali e chiunque si trovi sulla terra rimarrà immobile e addormentato, a parte noi e il mastro gnomo sulla montagna sempre innevata, così avremo il tempo di recuperare il regalo che ci manca! Fred e Rudolph, voi due andrete a recuperare il dono alla fabbrica e noi vi aspetteremo qui, così è stato deciso.»

Un minuto prima della mezzanotte Tom fermò l'orologio: pupazzo di neve e renna si misero in viaggio. Sballottati dalle raffiche di vento, volarono nella notte fredda e innevata.

Il naso di Rudolph illuminava il percorso e la bussola del pupazzo di neve, li indirizzava nella giusta direzione. Non ci misero molto ad arrivare alla fabbrica, dove il mastro gnomo, sveglio da un pezzo, non capiva come mai proprio quella notte non fosse riuscito a prender sonno. Non appena vide arrivare Rudolph e Fred, immaginò che fosse accaduto qualcosa e che probabilmente, ad averlo tenuto sveglio, fosse stata qualche magia dei pupazzi di neve.
I due amici raccontarono l'accaduto al mastro gnomo, che subito corse in fabbrica a recuperare lo schiaccianoci di cui avevano bisogno. Legato il pacchetto al collo della renna, Rudolph e Fred si misero sulla via del ritorno. Di nuovo sfidarono il mal tempo che non voleva proprio dar loro tregua. Affrontati alcuni vuoti d'aria, tra una raffica di vento e l'altra arrivarono a destinazione.
Babbo Natale aveva appena ricominciato a prendere colore, a dire qualche parola e fare lenti movimenti. Quando vide atterrare renna e pupazzo di neve, sembrò però che nulla fosse successo e andò loro incontro correndo. Li abbracciò e li ringraziò per quello che erano

riusciti a fare, scusandosi per non essere stato di aiuto. Sembrava che il panico di Babbo Natale fosse sparito: al suo posto adesso c'era un'incontenibile euforia. L'omone aveva contagiato tutti e tutte con la sua contentezza. Le renne bramivano esultanti e i pupazzi di neve, con Dora e Babbo Natale, facevano un girotondo. Rudolph invece prese a saltare come un pazzo nella neve. Il suo naso pizzicava più che mai e cominciò a lampeggiare di una luce bianca fortissima.

«Bum! Bum! Bum!»

Mentre la renna saltava felice, dal suo naso sbottò, con grande frastuono, un numero incalcolabile di fuochi d'artificio: arrivarono così in alto nel cielo che, se l'incantesimo di Tom non avesse fatto addormentare il mondo intero, li avrebbero visti da ogni angolo della terra.

«Il cielo si sta rasserenando e i fuochi d'artificio si stanno trasformando in stelle!», disse Tom incredulo.

Era proprio così, il naso di Rudolph aveva fatto placare la bufera, tanto da riportare il sereno. Il cielo blu della notte si era riempito di miriadi di stelle, molte di più di quello che ci si potrebbe solo immaginare. All'improvviso un botto più forte, e si sprigionò dal naso della renna una scia luminosa, che superava in altezza tutte le altre e che dipinse nel cielo una Stella Cometa, la più grande e brillante che si fosse mai vista.

Ormai era tutto pronto per partire. Posizionata la slitta sulla pista, il custode della Magia del Natale fece ripartire l'orologio. Mancava quindi un solo minuto alla partenza.

«Questa volta saremo noi a stupire tutti!»

Dicendo così, Babbo Natale invitò la sua cara compagna di avventure natalizie nel posto libero sulla slitta di fianco al suo. Dora, emozionatissima, non esitò e si fece stretta vicino a lui. Il tè nel thermos era per due e per due erano anche gli occhialini da viaggio che Babbo Natale aveva nascosto sotto il sedile all'insaputa delle sue care renne.

Fred era disorientato, stavano avvenendo cose estranee persino a lui che aveva previsto tutto, o quasi...

Rudolph non aveva ancora finito di lasciare di stucco tutti quanti e,

con un forte bramito, fece sì che anche i nasi delle sue amiche renne rilucessero assieme al suo, illuminando il cielo di tutta la terra. Ancora una volta Fred rimase sbalordito, neppure questo aveva previsto.
I compagni di viaggio partirono alla volta di tutte le case del mondo e con loro decollarono anche i pupazzi di neve. Per un tratto volarono insieme prima di svoltare verso il loro villaggio. Volevano godersi lo spettacolo del cielo, ricco di quella Magia Natalizia che quest'anno era diventata così forte e incontenibile.
Prima che i pupazzi di neve cambiassero direzione, Babbo Natale, Dora e tutte le renne li salutarono, mentre dal naso di Rudolph scaturì un'ultima scia luminosa che disegnò nel cielo una grande e sfavillante scritta: "BUON NATALE!"

BUON NATALE!